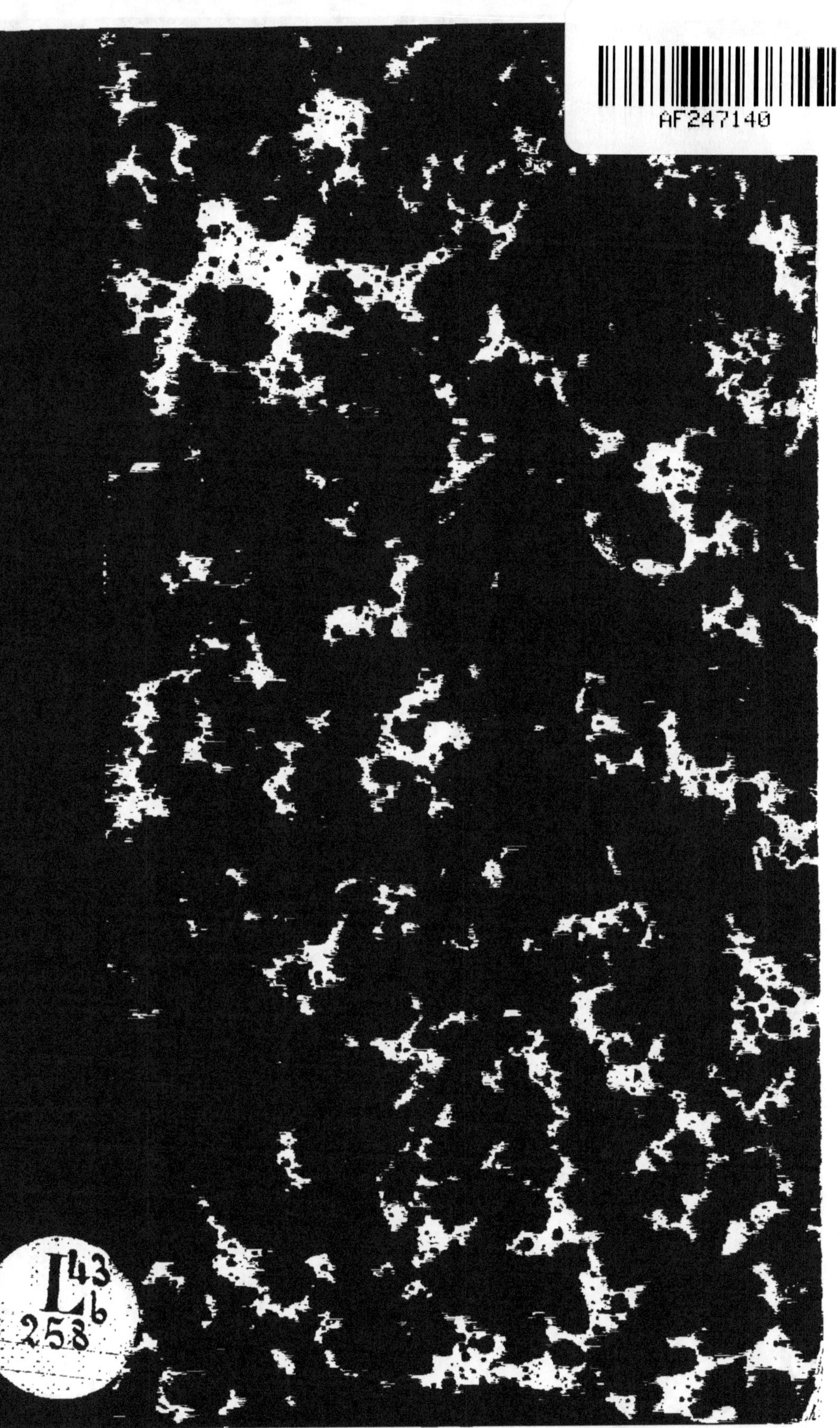

43
L6. 258.

COUP D'ŒIL

SUR

LES DEUX INVASIONS

DU

PAYS D'HANOVRE,

AVEC QUELQUES RÉFLEXIONS APPLICABLES
AUX CIRCONSTANCES.

A PARIS,

CHEZ LES MARCHANDS DE NOUVEAUTÉS.

MESSIDOR AN XI.

COUP D'ŒIL

SUR

LES DEUX INVASIONS

DU

PAYS D'HANOVRE,

AVEC QUELQUES RÉFLEXIONS APPLICABLES AUX CIRCONSTANCES.

Le pays d'Hanovre a été deux fois occupé par les armées françaises en moins de cinquante ans.

Deux capitulations y ont été conclues : l'une, signée à *Closter-Seven* le 8 septembre 1757, entre le duc de Cumberland, fils du roi d'Angleterre, et le maréchal de Richelieu ; l'autre, à *Suhlingen* le 14 prairial an 11 (3 juin 1803), entre le lieute-nant-général Mortier, et les députés civils et mi-litaires de la régence.

Elles portent le cachet du tems où elles ont été rédigées : elles suffiraient pour établir la différence de ces époques.

On négligea de demander à la cour de Londres

la sanction de la première, et elle fut bientôt impudemment violée.

La ratification de la seconde a été requise, et a été refusée par Georges III.

Comparons ces deux actes entr'eux.

Examinons quelles conséquences eut la convention de *Closter-Seven*, et les suites qu'aurait eues celle de *Suhlingen*, sans des mesures fermes et promptes de notre part.

Recherchons les résultats probables de la position de l'Angleterre et de la nôtre.

La politique de l'Angleterre n'est que l'histoire de ses perfidies.

Sa grandeur, toute en papiers et en illusions, repose sur un fonds presqu'aussi mobile que les flots qui l'environnent.

Ses ressources réelles sont sans rapport avec l'excès d'une ambition qui veut dévorer les quatre parties du Monde.

Sa population et son sol, principaux élémens de la véritable richesse, la condamnent au rang de puissance secondaire.

Douze à treize millions d'insulaires, séparés en trois peuplades mal unies, occupant un territoire de moitié moins étendu que le nôtre, ne peuvent soutenir long-tems une lutte égale contre une nation de *trente-cinq millions* d'hommes répandus sur le plus beau territoire.

Aussi l'Angleterre est-elle réduite à opposer sans cesse la ruse et la mauvaise foi à une si énorme disproportion de forces.

Ce qu'elle a fait aujourd'hui n'est que la répétition de ce qu'elle avait fait en 1756.

La *paix d'Aix-la-Chapelle*, signée le 18 octobre 1748, ne plaisait pas plus au cabinet de Saint-James que *celle d'Amiens*.

Elle n'était aussi pour lui qu'une trève que le cri public lui avait commandée, et que le ministère se proposait de rompre à la première occasion.

Ce n'était pas la prépondérance de la France qui l'offusquait alors, puisqu'elle s'était vue obligée de consentir de nouveau au honteux encombrement du port de Dunkerque. Mais les Anglais regrettaient quelques possessions qu'ils nous avaient rendues, malgré l'anéantissement absolu de notre marine.

Le ministre Machault songeait à peine aux moyens de la relever de ses ruines.

Des commissaires nommés de part et d'autre discutaient paisiblement à Paris quelques articles relatifs aux limites de la Nouvelle-Écosse, lorsque, sans aucun mécontentement annoncé, sans aucune déclaration de guerre, l'amiral Boscawen attaque

(au mois de juin 1755) les deux vaisseaux français, l'*Alcide* et *le Lys*, séparés de la station de Terre-Neuve, et s'en rend maître au sein même de la paix !.....

Notre ambassadeur à Londres, le maréchal de Mirepoix, demande justice d'une pareille aggression. Georges II dégrade la majesté royale en partageant la duplicité de ses ministres. Ils feignent tous d'ignorer le motif de ces hostilités secrétement ordonnées dès le mois d'avril de l'année précédente. Ils protestent du desir de maintenir la bonne intelligence, et promettent que, dès qu'ils auront reçu les éclaircissemens nécessaires, des réparations auront lieu.

Tandis que la France les attend, sur la parole de son ambassadeur, *trois cents de nos bâtimens marchands, avec dix mille de nos matelots*, sont enlevés par les corsaires anglais.

Ces infâmes pirateries se prolongent *pendant six mois* avant que la cour de Louis XV se décide à y voir une déclaration de guerre.

L'Angleterre n'ose résister seule à la France, quoiqu'elle vienne, à l'aide de la plus exécrable trahison, de porter un coup terrible à notre marine. Elle achète des auxiliaires sur le Continent; elle y allume le feu, suivant son usage, pour s'en garantir elle-même; elle y répand l'or et la désolation.

L'Europe n'était pas encore désabusée sur les intentions de l'Angleterre, comme elle l'a été depuis par de si fatales expériences.

La guerre embrâse l'Allemagne et l'Italie. Nous portons nos armes dans *le pays* d'Hanovre pour user enfin de tardives représailles.

Le maréchal d'Estrées passe le Weser, s'empare de *Gottingue* et de *Hall*, arbore le pavillon français dans *Cassel*, et livre au duc de Cumberland la bataille d'Hastimbeck.

Les Anglais, dans cette journée, perdent plus de trois mille hommes tant tués que blessés; leurs redoutes sont forcées, leurs batteries enclouées.

D'Estrées, vainqueur, est rappelé par *la Pompadour*, qui régnait alors en sultane, comme pour attester la dégénération d'une race dont la gloire et la vigueur étaient descendues dans le tombeau avec Louis XIV. Elle donne le commandement de l'armée au duc de Richelieu. Il arrive quatre jours après la bataille : il profite des avantages dus à son prédécesseur, pour continuer ses succès. Il occupe tout le pays que le duc de Cumberland laisse sans défense. Les duchés de *Brême* et de *Verden* sont soumis, et la ville d'*Hanovre* capitule.

Le général anglais se retire de poste en poste jusque sous le canon de *Stade*.

Le duc de Richelieu attaque et défait une partie

des troupes ennemies, et s'approche des portes de leur camp, qu'il pouvait forcer.

Le duc de Cumberland, renfermé dans une espèce de défilé sans issue, allait être obligé, avec toute son armée, de mettre bas les armes, lorsqu'il appelle à son secours un pensionnaire de l'Angleterre, le comte de Lynar, ambassadeur de Dannemarck.

Celui-ci dicte à la légéreté et à l'imprévoyance du duc de Richelieu cette convention de *Closter-Seven*, qui fut un si grand scandale, qui sauva l'armée anglaise, et dont l'inexécution devait assurer notre défaite à la journée de *Crevelt*.

Il n'échappera à personne que les circonstances si différentes où se sont trouvés les deux généraux français, ne permettent d'adresser à Mortier aucun des reproches si justement prodigués au duc de Richelieu.

Richelieu traitait avec des troupes déjà vaincues, fuyant de toutes parts, frappées de terreur panique, et auxquelles il ne restait qu'à sauter dans la mer, ou à être taillées en pièces sans pouvoir même résister.

Mortier avait en tête une armée pour le moins égale en nombre à la sienne, encore entière, en possession de tout l'électorat et de ses forteresses, et pouvant lui en disputer la conquête.

(9)

Mortier est devenu en trois jours maître absolu d'un pays dont la soumission avait coûté, en 1757, beaucoup de sang, plusieurs mois de combats et de fatigues.

Qu'aurait - il obtenu de plus, en s'obstinant à tenter le sort des armes ?

Le bruit du canon aurait peut-être inquiété le Nord, où, hors un seul point, nous ne voulions paraître qu'en amis.

Mais c'est dans le contenu même de ces deux capitulations (1) que se trouve le plus parfait contraste.

L'une est vague, obscure, timide. Il semble que le comte de Lynar, dont la fourberie la faisait adopter, craignît d'y insérer un mot qui choquât l'Angleterrre, au moment même où il lui rendait un si important service. Il écarte, avec le soin d'un stipendié, toute expression qui laisserait appercevoir l'état désespéré où était le duc de Cumberland; il suppose qu'on négocie avec des besoins égaux.

Il se contente d'établir des garnisons pour les troupes anglaises, et de tracer des routes pour celles de leurs alliés qui partent.

Le comte de Lynar joue plutôt le rôle d'un maréchal-général-des-logis pour les deux armées, que celui d'un médiateur équitable.

____

(1) Voyez-en le texte à la fin de cet écrit.

Rien n'est clairement stipulé, ni sur la destination ultérieure de ces troupes, ni sur les droits des Français.

Tout est prévu même pour l'aisance des Anglais, et il n'est question d'aucun avantage pour nous.

On serait tenté de croire que les généraux de Louis XV, dignes représentans, pour la plupart, de l'apathie de leur maître et des frayeurs de ses courtisanes, étaient eux-mêmes étonnés de vaincre, et n'osaient avouer leurs victoires.

Quelles autres clauses!... Quel ton plus militaire et plus noble dans la convention de *Suhlingen* !..... Ici tout respire le lieutenant - général de BONA-PARTE-LE-GRAND. Il n'y a de commun avec l'autre, que l'emplacement désigné aux troupes hanovriennes derrière l'Elbe ; et encore il est prescrit avec des précautions, avec des sûretés qui ont rendu impossibles tout abus, toute infraction.

L'artillerie, les poudres, les armes, les munitions de toute espèce, tous les effets appartenans au roi d'Angleterre sont à notre disposition.

Les caisses, les revenus du pays sont entre les mains de notre gouvernement.

L'électorat pourvoit à la solde, à l'habillement, à la nourriture de notre armée, à la remonte de notre cavalerie.

Les troupes hanovriennes s'engagent à ne servir,

ni contre nous , ni contre nos alliés , qu'après un échange formel.

La France se met ainsi provisoirement à la place du souverain dont les aggressions ont provoqué notre entrée.

C'est dans ses propres États , dans son propre patrimoine que nous commençons à le punir. C'est là que nous avons dû chercher d'abord quelques-unes des compensations réclamées par la justice , pour les captures qu'il a ordonnées sur notre commerce , avant même de nous avoir déclaré la guerre.

Au reste , la postérité accuse le duc de Riche-lieu , moins encore pour la convention de *Closter-Seven* elle-même , que pour le tort bien plus grave de n'en avoir pas au moins garanti les effets , en la faisant soumettre à la ratification du roi d'Angle-terre.

Le PREMIER CONSUL , averti d'une faute si capitale , et par sa sagesse , et par les *Mémoires de Frédéric II* , ne pouvait y retomber.

Il savait avec quelle déloyauté Georges II avait, dès l'année suivante, foulé aux pieds la convention de *Closter-Seven* , en envoyant contre nous, à la journée de *Crevelt* , ces mêmes troupes qui n'avaient dû leur salut qu'à l'engagement de ne plus com-battre.

Certes, après un tel exemple, et après avoir vu récemment Georges III déchirer de ses mains les pages les plus sacrées du traité d'Amiens, il aurait été trop imprudent de nous livrer à l'espérance qu'il respectât, plus que son père, un acte qui n'aurait même pas été revêtu de son consentement.

Aussi, le premier devoir, comme la première pensée du Gouvernement français, en recevant la convention de *Suhlingen*, a été de réclamer la ratification du roi d'Angleterre en qualité d'électeur d'Hanovre.

Le général Mortier n'avait signé que *sauf l'approbation du* PREMIER CONSUL ; et le PREMIER CONSUL a senti que son approbation devait dépendre de celle de Georges III.

Un acte de cette nature n'est pas obligatoire pour une seule des parties contractantes.

Celle qui se réserve la faculté de l'éluder, en affranchit l'autre, ou du moins lui impose l'obligation de se procurer les mêmes avantages par des combinaisons différentes.

Dès-lors nous n'avons pas eu un instant à perdre, pour empêcher (aux termes de l'article II) *que les troupes hanovriennes ne commissent aucune hostilité, et ne portassent les armes contre l'armée française et ses alliés, aussi long-tems que durera la guerre entre la France et l'Angleterre.*

Les engagemens d'honneur n'étant rien vis-à-vis d'une puissance qui ne se croit pas même liée par les traités, il ne nous restait qu'un moyen ; c'était de *désarmer l'armée hanovrienne, et de l'amener prisonnière de guerre en France.*

Tel a été le seul but du passage de l'Elbe par le général Mortier, et de l'envoi momentané de nouvelles forces du côté de Lunebourg.

Quatorze à quinze mille hommes revenus de leur premier effroi, et accumulés sur un point, pendant que nos troupes sont répandues dans les garnisons et dans le pays, pouvaient nous surprendre et nous faire repentir de trop de sécurité.

Si on les avait dispersés dans l'Hanovre, ils pouvaient y semer le désordre, et s'y abandonner à des excès qu'on n'eût pas manqué de nous imputer.

Ils pouvaient d'un instant à l'autre profiter du voisinage des côtes pour passer en Angleterre, où il nous eût été impossible de nous opposer à leur incorporation partielle dans l'armée de ligne.

Était-ce à nous à fournir à nos ennemis un renfort qu'ils ont tant de peine à trouver chez eux ?

Était-ce à nous à leur offrir des ressources contre la peur qui a jeté dans le délire tous ces fameux hommes d'État, dont les cris de détresse et les outrages semblent aujourd'hui les seules armes ?

Quel autre motif que l'arrière-pensée d'une seconde perfidie, aurait décidé Georges III à refuser de souscrire à une capitulation qui attestait si solennellement notre modération et le desir d'épargner le sang humain ?

Eût-il mieux aimé que nous nous fussions chargés de ses ressentimens contre ses sujets allemands ?

Voulait-il les voir frappés par nous, pour n'avoir pas assez énergiquement défendu son patrimoine contre nous-mêmes ?

En violant le traité d'Amiens, il s'est ôté le droit d'invoquer à notre égard celui de Lunéville.

Ce n'est donc pas sérieusement qu'il prétend que l'Hanovre est compris dans la paix d'Empire.

Il ne le croyait pas lui-même, lorsqu'*en date du 16 mai*, il enjoignait à tous ses fidèles sujets de se lever en masse contre nous.

Cette proclamation seule était une déclaration hostile de la part de l'électeur d'Hanovre.

Il n'est point contraire aux lois de l'Empire, qu'un de ses membres se constitue, pour son compte particulier, en état de guerre contre une autre puissance.

Qu'on se souvienne des enrôlemens exécutés, des appels réitérés au patriotisme, des envois de troupes et de canons vers les frontières ! Qu'on se rappelle tous les hauts faits du duc de Cambridge jusqu'au moment où le bruit des tambours de notre avant - garde le détermina à prendre la fuite en poste !..... et on conviendra que l'électeur d'Hanovre ne se jugeait pas moins en guerre contre nous que le roi d'Angleterre.

Ce n'est qu'après s'être convaincu de l'impossibilité de faire marcher ses sujets à une défaite certaine, et sans doute aussi d'après les avis prudens de *son fils chéri*, que, par une proclamation postérieure, Georges III imagina de déclarer qu'il se reposait sur la paix de Lunéville.

La situation équivoque de l'électorat d'Hanovre n'a pas, depuis 1715 (1), permis de l'assimiler aux autres Etats de l'Empire.

En donnant des souverains à l'Angleterre, il a forcément été entraîné dans le même cercle politique, et n'a plus été que fictivement réputé dépendance du Corps germanique.

Aussi vers la fin de la dernière guerre, pour lui épargner une autre invasion, le roi de Prusse y a-t-il fait entrer ses troupes, et l'a-t-il placé sous une sorte de séquestre sans aucune réclamation de ses co-États.

Il serait sans doute fort commode à Georges III de diviser ses possessions en plusieurs classes, de

______

(1) Époque à laquelle la couronne d'Angleterre fut conférée à la branche régnante.

couvrir les unes avec ses flottes , de se borner pour les autres à une garantie étrangère.

Bientôt , en perfectionnant ce système, il pourrait aussi soutenir que l'Inde et les vaisseaux qui en viennent , sont également à l'abri de toute attaque , sous prétexte que ces vastes contrées appartiennent moins à la couronne d'Angleterre qu'à une association de marchands qui , à force de crimes autorisés par le gouvernement, y a envahi la souveraineté , et s'y est constituée dans une indépendance presqu'entière.

Quoi ! un prince, par cela seul qu'il lui a plu de proclamer la guerre , livre à la merci de l'ennemi le territoire, la fortune et la vie de ses sujets! Et pendant qu'il ne leur laisse de ressources que dans leur courage, ses propriétés personnelles et héréditaires resteraient hors de toute atteinte!

Un prince s'identifie avec la nation qu'il gouverne. Il n'a, aux yeux de l'ennemi, ni droits ni existence séparés d'elle.

Il serait trop absurde que la guerre qu'il allume par son *bon plaisir* , n'exposât que son peuple, et qu'il en fût , pour ce qui le concerne, le spectateur paisible et indifférent.

Georges III veut que nous séparions la cause d'Hanovre de celle d'Angleterre , et il ne sépare pas même celle de nos alliés de la nôtre ; car que

lui

lui avait fait la république batave, pour délivrer des lettres de marque contre ses navires, et dépouiller d'avance ses négocians ?

Son langage ressemble à celui d'un athlète qui, après avoir cherché à surprendre son adversaire et à l'assassiner à coups de poignard, lui crierait : *Attendez ; limitez vos moyens de défense. Je vous vise partout, mais gardez-vous de m'atteindre au cœur.*

L'électorat d'Hanovre, moins que tout autre pays, pouvait être l'objet d'une si étrange distinction.

Sa population est guerrière et brave : elle formait la meilleure pépinière des troupes anglaises. Georges III vendait comme *électeur* les soldats qu'il employait comme *roi*. Ce commerce de ses propres sujets était même le principal revenu qu'il tirait de son électorat.

Il eût été impossible d'empêcher les Anglais de continuer leur navigation sur l'Elbe et sur le Weser tant que l'Hanovre eût été entre les mains du roi d'Angleterre.

Pendant que les troupes et les débouchés de ce pays lui manquent, les traités qui lient la plupart des princes allemands et les cantons helvétiques lui enlèvent l'espérance d'acheter, comme autrefois, chez eux, des corps auxiliaires.

Les discussions du parlement prouvent que les

B

membres les plus éclairés n'osent compter ni sur
les milices ni sur une armée de réserve, composée
d'habitans, et qu'on ne sait comment recruter l'armée de ligne.

La *levée en masse* qui a eu si peu de succès en
Hanovre, en aura-t-elle plus en Angleterre?

L'événement nous mettra, plus tôt qu'on ne croit,
en état d'en juger.

S'il a jamais été une vérité palpable pour l'Europe, c'est qu'avant d'entrer en Hanovre, la France
avait épuisé tous les moyens de conciliation et de
paix; que tel était le vœu, que tel était l'intérêt du
PREMIER CONSUL; que ce n'est qu'à la dernière
extrémité qu'il a relevé le gand que lui jetait si in-
solemment une puissance qui se joue de la bonne
foi comme des médiations proposées.

Les plaintes actuelles, les appels de l'Angleterre
sont donc jugés : elle est dévorée du desir de déchirer de nouveau le Continent.

Qu'importe, après tout, à l'Allemagne, entre
quelles mains soit temporairement déposé l'électorat d'Hanovre? De quel poids peut-il être dans la
balance des États?

L'orgueil de Georges III met un grand prix au
berceau de sa famille; mais tous les peuples en met-
traient bien plus à jouir de cette liberté des mers,
que l'Angleterre leur ravit au gré de ses caprices

Les mers sont les grandes routes que la nature a tracées entre toutes les parties, pour la facile et rapide communication du globe.

Les Anglais sont des brigands qui infestent sans cesse ces routes, qui s'arrogent le privilége de les traverser sans obstacle, et qui pillent tous ceux qui demandent à en user comme eux.

Depuis le commencement de cette guerre, ils saisissent indistinctement les navires américains, hambourgeois, suédois, danois et prussiens.

Ils ont contesté, en plein parlement, à l'empereur de Russie le droit de rien changer au code maritime que lord Nelson a dicté, à coups de canon, dans la Baltique.

Ils ont déjà dénoncé comme coupables tous ceux des conseillers d'Alexandre Ier, auxquels ils supposent la pensée de réclamer la franchise des marchandises couvertes par le pavillon russe.

S'ils traitent avec cette audace un des premiers potentats du Monde, quel sort réservent-ils aux nations moins redoutables pour eux ?

La neutralité des mers n'intéresse pas seulement les pays qui font le commerce avec leurs propres navires ; elle est un bienfait universel.

Tous les pays civilisés ont à peu près aujourd'hui les mêmes habitudes et les mêmes objets de consommation.

Si un peuple usurpe le commerce général , s'il se rend le seul facteur , le seul voiturier , il détruit toute concurrence , il fixe à volonté les prix de toutes choses ; et par ses taxations arbitraires , il pompe le numéraire de tous les États , et n'élève le colosse de son opulence que sur la détresse et la ruine communes.

Ce peuple se constitue ainsi le spoliateur , l'ennemi du genre humain. Tous les efforts doivent conspirer contre lui.

Ceux auxquels une active coopération n'est pas permise , aideront du moins de leurs vœux la nation assez hardie pour aller attaquer jusque dans leurs foyers les tyrans des mers.

Que seraient même quelques pertes , quelques sacrifices momentanés pour concourir à cette immortelle entreprise ?

L'Angleterre hait le Continent, et ne songe qu'à l'affaiblir. Elle y avait , dans cette intention , jeté et entretenu les discordes civiles, les guerres étrangères. Elle y a joui, pendant dix ans, de l'égorgement des peuples entr'eux. Ceux qui périssaient, n'étaient à ses yeux que des adversaires de moins.

Son ouvrage n'était pas achevé : elle veut le reprendre pour combler la mesure des maux qu'elle a versés sur ceux même qui ont écouté sa voix.

Mais son machiavélisme a cessé d'être dangereux , puisqu'il est connu et avoué par ses orateurs même.

Ils ont laissé échapper leur secret dans la démence qui les agite, et ils ont ainsi appris à tous les gouvernemens à se tenir en garde contre des suggestions qui ne tendent à rien moins qu'à compromettre de nouveau leur propre existence pour assurer celle de l'Angleterre.

Nous en appelons en effet à une expérience récente.

Que sont devenus tous les anciens alliés de la Grande-Bretagne ? Qu'ont-ils retiré de l'assistance qu'ils lui ont donnée ? Quels fruits amers n'a pas produits pour eux cette association contre nature ?

L'Espagne, la Turquie, le Portugal, la Bavière, Naples, Rome, la Suisse, le roi de Sardaigne, la Toscane, l'Ordre de Malte même, avaient successivement épousé sa querelle.

Que seraient aujourd'hui la plupart de ces États s'ils n'avaient rompu ces nœuds funestes ?

La Maison d'Espagne serait-elle montée sur le trône d'Étrurie ?

La Turquie, que l'Angleterre avait feint de secourir en Égypte, lui eût-elle arraché cette contrée sans la crainte de l'intervention de la France ? Au moment même où elle a été forcée de l'évacuer, n'y a-t-elle pas à dessein déposé des germes de révolte et de troubles, en essayant de constituer les beys en puissance rivale de la Porte, et en emmenant un de leurs ambassadeurs ?

La Bavière, sans son retour vers nous, eût-elle compté parmi les grands États d'Allemagne ?

Rome, Naples et la Suisse auraient-elles repris les gouvernemens qui leur conviennent ?

Qui s'oppose à ce que l'Ordre de Malte rentre dans son île ?

Qu'on nomme un allié que nous aiyons abandonné, dont nous n'aiyons pas assuré la paix avec la nôtre ?

Qu'on en cite un que l'Angleterre ait effectivement secondé, et qui, dans son union avec elle, ait trouvé autre chose que des désastres.

Et pour parler ici des puissances du premier ordre elles-mêmes, ce n'est pas en restant enchaînées à l'Angleterre qu'elles ont repris l'assiète et le rang qui leur appartiennent, et qu'elles se sont étendues par des arrangemens convenables.

Frédéric-Guillaume n'avait retiré aucun avantage de la coalition dans laquelle il s'était laissé entraîner contre nous. Quelques subsides de l'Angleterre ne valaient ni ses trésors entamés ni l'élite de ses armées. C'est depuis que son successeur cultive l'amitié de la France, qu'il a, de concert avec nous, arrondi ses États ; qu'il en a rapproché les parties éparses, et qu'il a pour jamais consolidé l'édifice de Frédéric-le-Grand.

L'Autriche, assaillie, ouverte de toutes parts après les batailles de *Marengo* et de *Hohenlinden*, ne devait ses malheurs qu'à sa trop religieuse fidélité à des engagemens avec l'Angleterre. Une paix généreuse lui a plus rendu que la guerre et ses désastres ne lui avaient enlevé. Elle s'est raffermie sur ses antiques bases depuis que l'empereur, libre de toute influence étrangère, s'est confié au génie réparateur de l'archiduc *Charles*. Ce prince, content de sa gloire, n'ignore pas que les hasards de la guerre compromettent les réputations comme les États : il connaît trop bien la véritable dignité de la monarchie autrichienne, pour consentir qu'elle soit de nouveau à la solde et à la disposition de l'Angleterre.

Paul I.er avait aussi un instant cédé au vertige qui avait frappé la plupart des cours. Trop confiant dans les conseils de quelques agens anglais, il avait envoyé une partie de ses forces à une expédition chevaleresque. Il ne lui manquait ni troupes aguerries ni généraux célèbres. Quel fut cependant le résultat de cette entreprise? Et comment en a-t-il ensuite été payé par l'Angleterre?.... Combien plus pure n'est pas la gloire d'Alexandre, qui, occupé de tant d'améliorations intérieures, et chéri dans ses immenses États, a, dès les premières années de son règne, égalé la renommée de ses plus illustres prédécesseurs ; qui s'est associé à BONAPARTE dans l'organisation du Corps germanique, et qui, par l'influence ainsi acquise au sein de l'Europe, joue un rôle que lui eût envié Catherine elle-même ! Est-ce la France ? est-ce l'Angleterre qui lui conteste le beau titre de *médiateur* ? Dans lequel des deux pays son nom est-il prononcé avec le plus d'hommages et de vénération ? Laquelle des deux alliances a été la plus glorieuse à la Russie, et peut l'être encore, quelles que soient les vues d'Alexandre ?

Non, l'or que l'Angleterre pèse au poids du sang et des larmes des peuples, ne prévaudra plus sur tous les motifs que les puissances du Continent ont de demeurer unies, et sur la conviction générale que le cabinet de Saint-James *ne cherche des alliés que pour les sacrifier.*

Les trônes, raffermis à l'ombre de la paix, n'ont pas besoin de ces secousses que leur impriment toujours les grandes catastrophes militaires.

Il est peu de contrées qui ne récèlent de ces hordes turbulentes qu'on a vu s'agiter au bruit des principes qu'elles n'entendaient pas, et conspirer contre l'ordre social en croyant travailler à leur bonheur.

Le monstre de la démagogie dort enchaîné ; mais il n'est pas mort. Il secouerait ses chaînes et tenterait de les briser s'il appercevait aux prises ceux dont l'intérêt commun est de se garantir de sa fureur. Il s'est signalé par trop de ravages en France, il y est trop abhorré pour que ses efforts y soient autant à craindre qu'ailleurs.....

Ce n'est pas à Paris qu'on eût osé faire au colonel *Despard* et à ses complices les séditieuses funérailles qui ont été tolérées et même applaudies à Londres.

L'Angleterre ne parviendra pas à repousser vers d'autres pays la tempête intérieure et extérieure qui la menace en même tems.

La folie des coalitions est aujourd'hui appréciée. Les plaies que la dernière a faites, saignent encore, et ce n'est pas à nous qu'elle a été funeste.

Sommes-nous moins que nous n'étions durant les dix années où nous avons eu à combattre et à vaincre ?

Les gouvernemens étrangers se calomnieraient eux-mêmes s'ils pensaient que ce que nous avons pu au milieu de l'anarchie, nous ne le pourrions pas sous l'autorité *paternelle*, incontestée d'un *grand-homme*, fort de la confiance, de l'enthousiasme, de l'admiration et de tous les moyens d'un *grand peuple*.

L'Angleterre restera donc *seule*. Déjà elle tremble comme le coupable que poursuivent l'image de ses crimes et l'approche du châtiment.

L'effroi est dans la masse de la nation : le délire et la division sont dans ses conseils ; le déficit et la banqueroute sont à ses portes. Des factions rivales se disputent la direction d'un prince dont la tête affaiblie ne peut tenir long-tems contre un choc aussi violent.

La destinée nous commande d'essayer si un détroit de six lieues, qu'on traverse en moins de trois heures, est un rempart inexpugnable ; et si, pour nous seuls, le passage en est devenu impossible, lorsque, sur *quarante-cinq descentes* dirigées contre l'Angleterre depuis *Guillaume-le-Conquérant*, il en a réussi *quarante-une*.

Jamais moment ne fut plus favorable pour assurer la vengeance du Peuple français et l'affranchissement des mers.

PREMIERE CAPITULATION
DE L'HANOVRE.

(LE 8 SEPTEMBRE 1757.)

CONVENTION entre le duc de Cumberland et le duc de Richelieu, conclue à Closter-Seven.

S. M. le roi de Dannemarck, touchée des malheurs des pays de Brême et de Verden, auxquels elle a toujours accordé une protection particuliere, et desirant, en empêchant ces pays d'être plus long-tems le théâtre de la guerre, d'épargner aussi le sang des armées prêtes à s'en disputer la possession, a employé sa médiation par le ministère de son excellence M. le comte de Lynar.

S. A. R. monseigneur le duc de Cumberland, général de l'armée des alliés, d'une part ; et son excellence M. le maréchal de Richelieu, général des armées du roi en Allemagne, d'autre part ; en considération de l'intermission de S. M. danoise, ont engagé respectivement leur parole d'honneur, entre les mains de M. le comte de Lynar, de tenir les conditions stipulées ci-après ; et lui, M. le comte de Lynard, pour répondre à la magnanimité des intentions du roi son maître, s'est engagé d'obtenir la garantie énoncée ci-après dans la présente convention, de sorte qu'elle lui soit envoyée avec ses pleins pouvoirs , dont l'expédition en forme n'a pu être aussi prompte que son départ , dans les circons-tances qui en ont hâté le moment.

ARTICLE PREMIER.

Les hostilités cesseront de part et d'autre dans vingt-quatre heures, et plus tôt s'il est possible : on enverra des ordres sur le champ , à cet égard , dans les corps détachés.

II. Les troupes auxiliaires de l'armée de mon-seigneur le duc de Cumberland , savoir : celles de Hesse , de Brunswick , de Saxe-Gotha , et même celles du comte de la Lippe-Buckebourg , seront renvoyées ; et comme il est nécessaire d'arranger particuliérement la marche qu'elles tiendront pour se rendre dans leurs pays respectifs, il sera envoyé , de l'armée des alliés , un officier général ou parti-culier de chaque nation , avec lequel on conviendra de la marche de ces troupes , du nombre de divisions sur lesquelles elles marcheront, de leur subsistance et des passe-ports que S. E. M. le maré-chal duc de Richelieu leur accordera pour se rendre dans leur pays , où elles seront placées et dispersées suivant ce qui sera convenu entre la cour de France et leurs souverains respectifs.

III. S. A. R. monseigneur le duc de Cumber-land s'engage de passer l'Elbe avec la partie de son armée, qu'il ne pourra pas placer dans la ville de Stade. La partie de ses troupes, qui entrera en garnison dans cette ville, et qu'on estime pouvoir monter de quatre à six mille hommes, y restera sous la garantie de S. M. le roi de Dannemarck. Elle n'y pourra faire aucun acte d'hostilité, et réciproquement elle n'y sera pas exposée de la part des troupes françaises.

En conséquence il sera convenu, par des commissaires respectifs, des limites que l'on fixera autour de cette place, pour *l'aisance* de la garnison, lesquelles ne pourront être étendues au-delà d'une demi-lieue ou d'une lieue, suivant la nature du terrain ou des circonstances dont les commissaires conviendront de bonne foi. Le reste de l'armée hanovrienne ira prendre des quartiers dans le pays au-delà de l'Elbe; et pour faciliter la marche de ces troupes, S. E. M. le maréchal duc de Richelieu concertera, avec un officier général, envoyé de même de l'armée hanovrienne, les routes qu'elles tiendront, s'engageant de donner tous les passeports et sûretés nécessaires pour que lesdites troupes et leurs équipages puissent se rendre librement aux lieux de leur destination, S. A. R. monseigneur le duc de Cumberland se réservant de négocier entre les cours, pour l'extension de ces quartiers.

A l'égard des troupes françaises, elles demeureront dans le reste des duchés de Brême et de Verden, jusqu'à une conciliation définitive des deux souverains.

IV. Les articles ci-dessus devant s'exécuter dans le plus court délai, l'armée hanovrienne et les corps qui en sont détachés, particuliérement celui qui se trouve dans Burk-Schantze et les environs, se retireront sous Stade, dans l'espace de deux fois vingt-quatre heures. L'armée française ne passera pas la rivière de l'Oste, dans le duché de Brême, jusqu'à ce que les limites aient été réglées : elle conservera d'ailleurs tous les autres postes et pays dont elle est en possession ; et pour ne pas retarder le réglement des limites qui seront établies entre les deux armées, il sera nommé et envoyé après demain, 10 du présent, à Bremervorde, par S. A. R. monseigneur le duc de Cumberland, et par S. E. M. le maréchal duc de Richelieu, des commissaires, en parité de grade, pour régler tant les limites de l'armée française, que celles qui devront être observées à Stade par la garnison, suivant l'article III.

V. Tous les articles ci-dessus seront exécutés fidellement dans leur forme et teneur, et sous la foi de la garantie de S. M. le roi de Dannemarck, que M. le comte de Lynar son ministre soussigné s'est engagé d'obtenir.

Fait au camp de Closter-Seven, le 8 septembre 1757.

Le soussigné, chargé de la part de S. M. le roi de Dannemarck son maître, d'interposer sa médiation entre les deux armées de S. M. très-chrétienne et de S. M. britannique, ayant négocié entre les généraux desdites armées, et les ayant amenés à l'heureuse fin contenue dans lesdits articles ci-dessus, comme il les trouve conformes à l'objet de sa mission, promet d'y remplir tout ce qui le concerne, et de faire l'échange desdites conventions dans les vingt-quatre heures.

Signé, le comte DE LYNAR.

ARTICLES SÉPARÉS.

SUR les représentations qui ont été faites par M. le comte de Lynar, dans la vue d'éclaircir davantage quelques dispositions de la présente convention, il y a été ajouté les articles ci-après :

ARTICLE PREMIER.

QUE S. E. M. le maréchal duc de Richelieu entend que les troupes alliées de l'armée de S. A. R. M. le duc de Cumberland seront renvoyées dans leurs pays respectifs, suivant la forme énoncée dans l'article II ; et qu'à l'égard de leur séparation ou dispersion dans lesdits pays, il en sera traité par les cours, *ne regardant pas lesdites troupes comme prisonnières de guerre.*

II. Qu'ayant été représenté que le pays de Lauembourg ne pouvait pas comporter au-delà de quinze bataillons et six escadrons, et que la ville de Stade ne pouvait pas absolument contenir les six mille hommes de garnison qui y étaient destinés, S. E. M. le maréchal duc de Richelieu, pressé par M. le comte de Lynar, qui a de nouveau appuyé cette représentation de la garantie de S. M. danoise, a consenti, et son A. R. monseigneur le duc de Cumberland s'engage à faire passer l'Elbe à quinze bataillons, à six escadrons et à tout le corps des chasseurs.

Les dix bataillons et vingt-huit escadrons restans seront placés dans la ville et les environs les plus proches de Stade, contenus dans une ligne qui sera marquée avec des poteaux, depuis l'embouchure de la Lahe dans l'Elbe, passant par Hornbourg inclusivement, et dirigé en droiture sur l'embouchure d'Elmerbeck, dans la rivière de l'Oste, bien entendu toutefois que les dix bataillons et les vingt-huit escadrons susdits seront établis tels qu'ils se trouvent au moment de la présente convention, sans qu'ils puissent sous aucun prétexte être recrutés ou augmentés dans aucun cas ; et cette clause est particuliérement garantie par M. le comte de Lynar, au nom de S. M. danoise.

III. Sur ce qui a été représenté de la part de
S.

S. A. R. monseigneur le duc de Cumberland, que, relativement aux articles de la convention, toutes les troupes, tant celles de l'armée, que les corps avancés, ne pourront être retirés sous Stade dans deux fois vingt-quatre heures, S. E. M. le maréchal duc de Richelieu s'est expliqué qu'il accorderait le tems nécessaire, pourvu que le corps campé à Burck-Schantze se mît en marche pour se retirer vingt-quatre heures après la convention signée; ainsi que l'armée campée à Bremervorde. Il sera convenu du tems nécessaire pour les arrangemens ultérieurs entre M. le général de Sporken et M. le marquis de Villemur, premier lieutenant-général de l'armée du roi, ainsi que de l'exécution de l'article contenant les limites respectives.

Signé, le comte DE LYNAR.

SECONDE CAPITULATION
DE L'HANOVRE.

(LE 14 PRAIRIAL AN 11. — 3 JUIN 1803.)

***

CONVENTION passée entre MM. les députés civil et militaire de la régence d'Hanovre, et le lieute-nant - général Mortier, commandant en chef l'ar-mée française.

ARTICLE PREMIER.

L'HANOVRE sera occupé par l'armée française, ainsi que les forts qui en dépendent.

II. Les troupes hanovriennes se retireront der-rière l'Elbe : elles s'engageront, sur parole d'hon-neur, à ne commettre aucune hostilité, et à ne porter les armes contre l'armée française et ses al-liés, aussi long-tems que durera la guerre entre la France et l'Angleterre. Elles ne seront relevées de ce serment qu'après avoir été échangées contre autant d'officiers-généraux, officiers, sous-officiers, soldats ou matelots français que pourrait avoir à sa disposition l'Angleterre.

III. Aucun individu des troupes hanovriennes ne pourra quitter l'emplacement qui lui est désigné, sans que le général commandant en chef en soit prévenu.

IV. L'armée hanovrienne se retirera avec les

honneurs de la guerre : les régimens emmèneront avec eux leurs pièces de campagne.

V. L'artillerie, les poudres, les armes et munitions de toute espèce seront mises à la disposition de l'armée française.

VI. Tous les effets quelconques appartenans au roi d'Angleterre, seront mis à la disposition de l'armée française.

VII. Le séquestre sera mis sur toutes les caisses ; celle de l'Université conservera sa destination.

VIII. Tout militaire anglais ou agent quelconque à la solde de l'Angleterre sera arrêté par les ordres du général commandant en chef, et envoyé en France.

IX. Le général commandant en chef se réserve de faire, dans le gouvernement et les autorités constituées par l'électeur, tel changement qu'il jugera convenable.

X. Toute la cavalerie française sera remontée aux frais de l'Hanovre : l'électorat pourvoira également à la solde, à l'habillement et à la nourriture de l'armée française.

XI. Le culte des différentes religions sera maintenu sur le pied actuellement établi.

XII. Toutes les personnes, toutes les propriétés et les familles des officiers hanovriens seront sous la sauve-garde de la loyauté française.

XIII. Tous les revenus du pays, tant des domaines électoraux que des contributions publiques, seront à la disposition du Gouvernement français. Les engagemens pris seront respectés.

XIV. Le gouvernement actuel de l'électorat s'abstiendra de toute autorité dans le pays occupé par les troupes françaises.

XV. Le général commandant en chef prélevera sur l'électorat d'Hanovre telle contribution qu'il croira nécessaire aux besoins de l'armée.

XVI. Tout article sur lequel il pourrait s'élever des doutes sera interprété favorablement aux habitans de l'électorat.

XVII. Les articles précédens ne porteront pas préjudice aux stipulations qui pourraient être arrêtées, en faveur de l'électorat, entre le PREMIER CONSUL et quelque puissance médiatrice.

Au quartier-général de Suhlingen, le 14 prairial an 11.

Sauf l'approbation du PREMIER CONSUL.

Signé, le lieutenant-général commandant en chef,

ED. MORTIER.

F. DE BREMER, *juge de la cour électorale de justice et conseiller provincial.*

G. DE BOCH, *lieutenant-colonel, commandant le régiment des gardes-du-corps électoral.*

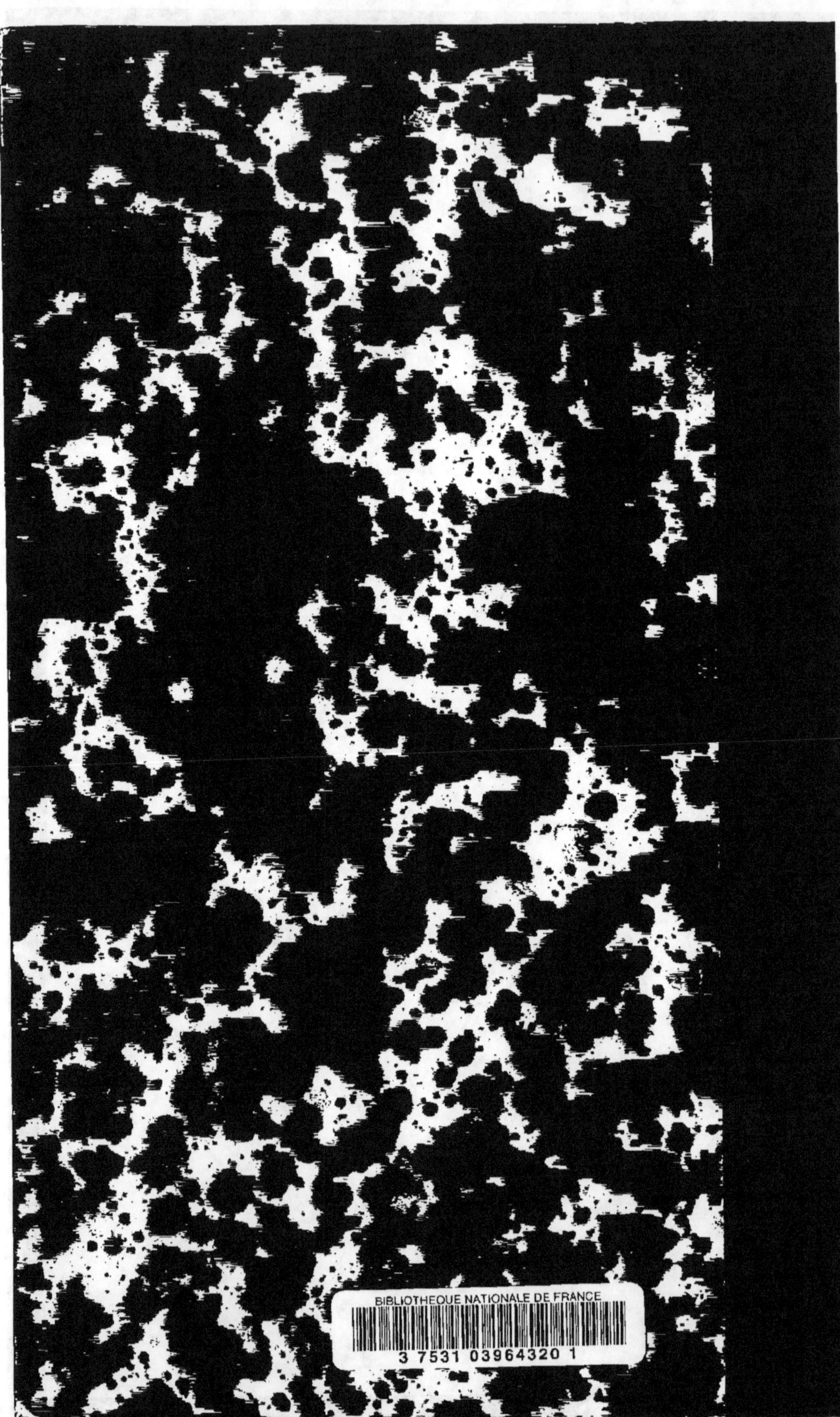